VENTE HOTEL DROUOT

Le Mercredi 3 Février 1904, Salle N° 11
et le Jeudi 4 Février 1904, Salle N° 1

A 2 HEURES 1/4

IMPORTANT

MOBILIER DE SALON

de Style Louis XV

AUTRES EN TAPISSERIE ET EN SOIERIE

Meubles variés

DEUX SUPERBES TORCHÈRES PAR CARRIER-BELLEUSE

en bronze et onyx

BRONZES, PORCELAINES, FAIENCES

BIJOUX, ARGENTERIE

TABLEAUX — DESSINS — GRAVURES

Etoffes brodées, Tapis d'Orient

Me E. BRAOUÉZEC
COMMISSAIRE-PRISEUR
41, Rue de la Victoire

M. Arthur BLOCHE
EXPERT PRÈS LA COUR D'APPEL
51, Rue Saint-Georges, 51

EXPOSITION PUBLIQUE, SALLE 11
Le MARDI 2 FÉVRIER 1904, de 2 heures à 6 heures

Paris. — Imp. C. CHAUFOUR
8-10, rue Milton

CONDITIONS DE LA VENTE

La vente sera faite expressément au comptant.

Les acquéreurs paieront 10 0/0 en sus des adjudications

L'exposition mettant le public à même de se rendre compte de l'état des objets, il ne sera admis aucune réclamation une fois l'adjudication prononcée.

4549. — Imp. C. Chaufour, 8-10, rue Milton, Paris.

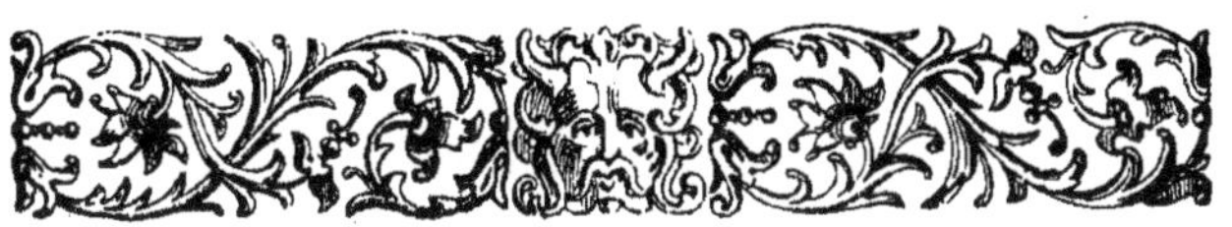

DÉSIGNATION

OBJETS D'ART

1 — Deux superbes et importantes torchères formées par des statues grandeur nature de nymphes debout en bronze, drapées d'onyx veiné d'Algérie, portant des vases d'où s'échappent des bouquets de lumières en bronze doré. Signées A. Carrier. Elles posent sur des socles en bois sculpté, peint blanc et doré à cannelures de style Louis XVI.

2 — Grande et belle garniture de cheminée en bronze doré de style Louis XVI, composée d'une pendule forme monumentale et de deux candélabres trépieds à treize lumières.

3 — Grande statue en marbre : La belle fermière.

4 — Paire d'appliques en bronze à cariatides d'enfants ornés de cristaux.

5 — Deux bouquets de lumières en bronze doré.

5 *bis* — Deux suspensions à gaz en bronze doré.

6 — Deux grands vases en céramique bleu, orné de têtes de satyres en relief.

7 — Grande suspension de salle à manger en bronze doré à quatre lampes, vingt-quatre bougies et neuf lumières électriques.

8 — Haut-relief en marbre : La Cigale.

9 — Buste en marbre : Marie de Médicis.

9 *bis* -- Buste en marbre : La Rieuse.

10 — Haut-relief en marbre : Faunesse à la source. Signé CASSAIGNE.

11 — Grande garniture de cheminée en bronze ciselé et doré, modèle à groupe d'amours, composée d'une pendule et de deux candélabres à sept lumières, cadran signé ALEXANDRE PETIT, à Paris.

12 — Statuette en marbre : L'Aube.

13 — Statuette du Christ en pierre sculptée.

14 — Paire de potiches en porcelaine de Chine, décor en émaux de couleur de la famille verte aux Guerriers, couvercles et socles en bois de fer.

15 — Deux vases en porcelaine de Chine, décor aux cavaliers sur fond brun.

16-17 — Deux belles vasques en porcelaine de Chine, décor à nombreux personnages.

18 — Deux plats ronds en émail cloisonné du Japon.

19 — Deux magots en blanc de Chine.

20 — Groupe en antimoine, poule et coq, socle en bois sculpté.

21 — Paire de vases fond vert avec dragon en relief.

23 — Deux potiches décor en bleu sur blanc, socles et couvercles en bois ajouré.

24 — Six flacons à bétel en porcelaine de Chine.

25-30 — Six groupes en ivoire sculpté à personnages chinois.

31 — Quatre netzukés en ivoire.

32 — Paire de petits vases de Satzuma, décor à personnages.

33 — Petite potiche de Satzuma, couvercle ajouré.

34 — Trois petits vases de Satzuma, forme boule.

35 — Petit pot de Satzuma, décor à ornements.

36 — Jardinière forme lobée en émail cloisonné.

37 — Jardinière en bronze du Japon, décor en relief à volatiles,

38 — Brûle-parfums en bronze du Japon, décor en relief.

39 — Lampe japonaise en bronze, personnage près d'un arbre.

40 — Candélabre à trois lumières en bronze doré, style Louis XV avec statuette d'enfant chinois.

41 — Koro en ancien bronze cloisonné de Chine.

42 — Groupe en bois sculpté du Japon, personnages, près d'une pagode, socle en bois.

43 — Paire de vases en bronze du Japon, décor en relief.

44 — Paire de candélabres en bronze, patine noire et patine dorée.

45 — Deux vases en émail cloisonné, décor polychrome.

46 — Koro en métal argenté, décor en relief aux chrysantèmes.

47 — Paire de flambeaux en porcelaine de Sèvres, monture en bronze doré. Style Louis XVI.

48 — Paire de buires en porcelaine fond bleu turquoise, décorée, monture en bronze doré.

49 — Glace avec cadre en bronze doré, ornée de sept médaillons.

50 — Grand plat en faïence italienne : l'Enlèvement d'Europe.

51 — Deux vases en faïence italienne.

52 — Jardinière en faïence : la Naissance de Vénus.

53 — Jardinière en terre cuite formée par une statuette.

54 — Vase en terre cuite patinée, décor d'enfants jouant.

55 — Statuette en bronze, signé MASSON.

56 — Groupe en bronze.

57 — Paire de candélabres en bronze. Style Louis XVI.

58 — Deux statuettes en bronze.

59 — Coupe en porcelaine de Chine, décor à fleurs et feuillages.

60 — Plat en ancienne faïence de Marseille.

61 — Deux assiettes en ancienne faïence Suisse.

62 — Buste jeune femme, signé J. Garnier.

63 — Statuette en biscuit : Frondeuse.

64 — Statuette en biscuit : la Coquette.

65 — Deux petites figurines en biscuit : Les petits marquis.

66 — Deux plats en porcelaine de Limoges à personnages.

67 — Médaillon bronze, tête de Marat, de Léotriléra.

68 — Médaillon en bois sculpté.

69 — Lampe de parquet en cuivre.

70 — Deux petits biscuits : les Saisons.

71 — Pendule en porcelaine et bronze ciselé.

72 — Encrier en bronze poli.

73 — Cartel en bronze poli style Louis XVI.

74 — Paire de vases en marbre et bronze ciselé. Style Louis XVI.

75 — Coupe en porcelaine sur pied bronze doré.

76 — Surtout de table en onyx et glace. encadrement de bronze.

77-78 — Deux plats en faïence hispano-mauresque, décor à reflets métalliques.

79 — Paire d'appliques en bronze. St. Louis XV.

MEUBLES

80 — Important mobilier de salon en bois sculpté et doré de style transition Louis XV et Louis XVI, couvert en lampas de soie fond rouge à fleurs, composé de quatre canapés, huit fauteuils, six grandes chaises, un pouff et douze chaises légères.

81 — Console en bois sculpté et doré de style Louis XV, dessus en marbre.

82-83 — Deux consoles d'entredeux en bois sculpté et doré à dessus de marbre.

84 — Meuble-argentier en poirier noirci et sculpté orné de plaquettes de malachite, le haut formant vitrine.

85 — Bahut à hauteur d'appui de même travail.

86-87 — Deux vitrines d'angle en bois de rose garni de bronzes. dessus en marbre blanc.

88 — Grand encadrement de baie en bois sculpté rehaussé d'or, montants à colonnes plates cannelées surmontées de chapiteaux.

89 — Grande cheminée en noyer sculpté à rehauts d'or. Style Renaissance.

90 — Encadrement de baie en velours de lin, orné d'applications.

91-92 — Deux banquettes d'antichambre en bois sculpté, couvertes en velours rouge.

93 — Tabouret à pieds tors couvert de soie.

94 — Petite vitrine en noyer.

95 — Six galeries en bois doré Louis XV.

96 — Galerie en chêne sculpté.

97 — Armoire en bois sculpté. XVIIIe siècle.

98 — Table à thé en laque du Japon.

99 — Etagère en bois noir sculpté.

100-101 — Deux socles en bois de fer sculpté à dessus de marbre.

102 — Glace avec cadre ancien en bois sculpté.

103 — Grand cadre doré.

104 — Paravent Louis XVI en bois sculpté.

105 — Glace avec cadre en acajou.

106 — Toilette en acajou, dessus de faïence peinte.

107 — Glace Louis XIII en bois sculpté et doré.

108 — Salon : canapé et six chaises Louis XIII en bois sculpté et doré.

109 — Meuble d'entre-deux bois de rose et marqueterie.

110 — Bahut à deux corps en noyer.

111 — Salon style Ier Empire, orné de cuivres, comprenant un canapé et quatre fauteuils.

112 — Guéridon en bois sculpté et doré.

113 — Salon composé de neuf pièces en bois sculpté, recouvert de tapisseries.

114 — Bergère en bois sculpté, recouverte en velours rouge.

115 — Bureau en noyer sculpté. Style Louis XVI.

116 — Paravent à trois feuilles orné de peintures. Style Louis XVI.

117 — Guéridon bois sculpté laqué blanc.

118 — Douze chaises en bois sculpté et laqué blanc. Style Louis XV.

119 — Porte-manteaux en bois laqué, avec grande glace.

120 — Paravent triptyque en bois doré, avec glaces.

121 — Deux chaises légères en bois, cannées et dorées.

122 — Deux bergères en bois doré. Style Louis XVI.

123 — Fronton bois sculpté. Travail mauresque.

124 — Fauteuil époque Louis XVI noyer ciré.

BIJOUX, OBJETS DE VITRINE

125 — Collier de chien en perles fines avec barrettes en diamants.

126 — Broche en or à feuillages ornée de perles fines et diamants.

127 — Bague en or, opale entourée de diamants.

128 — Bague marquise en or, diamants et rubis.

129 — Bague en or enrichie d'une opale et de brillants.

130 — Montre de dame or et émail.

131 — Miniature sur biscuit avec diamants et perles fines.

132 — Services de table en argent.

133 — Sautoir en argent doré.

134 — Aumonière en argent fermoir Louis XV ciselé.

135 — Bague en or perle fine entourée de diamants.

136 — Remontoir en or boîtier finement ciselé.

137 — Remontoir de col en or.

138 — Bourse argent fermoir ciselé, intérieur à compartiments.

139-142 — Quatre miniatures sur ivoire, portraits de femmes XVIIIe siècle.

143 — Eventail en ivoire rehaussé d'or, XVIIIe siècle.

144 — Sautoir composé de grenats et de vingt-six perles fines.

145 — Sautoir en or et perles fines.

146 — Paire de boutons d'oreilles, deux perles fines et deux diamants.

147 — Broche miniature en or avec diamants et une perle fine.

148 — Broche miniature signée Chéret.

149 — Chaîne en or composée de six pendeloques en or et améthystes fines.

150 — Glace à main en or pesant 70 grammes.

150 *bis* — Epingle de cravate ornée d'une perle ronde fine.

151 — Trois boutons de chemise en or avec perles fines.

152 — Deux épingles jumelles en or et huit perles fines.

153 — Bague en or ornée d'un brillant.

154 — Bague en or ornée d'un saphir.

155 — Montre en or forme cœur en émail blanc, enrichie de diamants.

156 — Bague en or ornée de trois perles fines.

157 — Bague en or ornée de cinq rubis d'Orient.

158 — Epingle de cravate en or trèfle en perles fines.

159 — Epingle de cravate en or formée d'une calotte en roses et une perle fine.

160 — Paire de boutons pavés de brillants.

161 — Broche forme corbeille en jargons style Louis XVI.

162 — Deux bracelets en argent.

162 *bis* — Bourse en argent.

163 — Broche perle entourée de brillants.

164 — Broche en or modèle à rinceaux ornée de roses et brillants.

165 — Bague en or saphir entourée de roses.

166 — Bague en or, orné d'une perle de corail et de roses sur le corps.

167 — Bague perle et brillant.

168 — Epingle de cravate pierrot orné de roses.

169-170 — Deux miniatures : La Marquise de Montesson et portrait de femme.

171 — Petit presse papier en bronze : Groupe d'enfant.

172 — Sucrier en cristal Ier Empire.

173 — Plat en cuivre.

174 — Cinq couteaux en ivoire, viroles argentées.

175 — Montre d'homme en métal.

176 — Trois pistolets anciens.

177 — Couteau de chasse XVIIe siècle.

178 — Fer de lance et deux clefs anciennes.

179 — Flûte, diapason et castagnettes.

180 — Paire de magots en pierre de lare.

181 — Flambeau en cuivre.

182 — Trois cadres en bois et cuivre.

183 — Lot de presse papiers en améthyste.

184 — Miniature sur ivoire : Portrait de la Duchesse d'Orléans d'après VIGÉE LEBRUN.

185 — Miniature sur ivoire : La coquette.

TABLEAUX

Dessins, Aquarelles, Gravures

186 — **Babelay**. *Chat*. Pastel.

187 — **Babelay**. *Chat*.

188 — **Bernier**. *L'Abreuvoir*.

189 — **Boilly** (D'après). *La Paresseuse*. Gravure.

190 — **Boilly** (D'après). *Deux caricatures en couleur*.

191 — **Boucher** (D'après). *Vénus*. Sanguine.

192 — **Callot** (Ecole de). *L'Amour jouant*. Deux dessus de portes.

193 — **Champagne**. *Paysage*.

194 — **Charpentier**. *Le Vaguemestre*.

195 — **Condamy** (de). *Scène de sport*. Aquarelle.

196 — **David** (D'après). Le *Serment du jeu de paume*. Gravure.

197 — **Daumier** (Genre de). *Avocats et plaideurs* Dessin au crayon noir.

198 — **Debucourt** (D'après). *Les Compliments et les Bouquets*. Deux gravures en couleur.

199 — **De Dreux**. *Scène de sport*. Aquarelle.

200 — **Dumouchez**. *Marines*. Deux pendants.

201 — **Ecole ancienne**. *La Sainte-Famille*.

202 — **Ecole anglaise**. *L'Entrée du Bosphore*.

203 — **Ecole française**. *Portrait de l'archiduchesse d'Autriche*.

204 — *Portrait de la grande Catherine*.

205 — *Portrait de jeune femme du XVIIIe siècle*.

206 — *Portrait de femme Louis XVI*.

207 — *Portrait de femme style Louis XV*.

208 — **Ecole moderne**. *Les Chrysanthèmes.*

209 — **Ecole moderne.** *Le Chenal.*

210 — **Flers**. *Paysages.* Deux dessins.

211 — **Fournier**. *Sous bois.*

212 — **Fragonard** (d'après). *Serment d'amour. L'Oracle des Amants.* Deux gravures.

213 — **Fragonard** (d'après). *L'Amour et la Folie.* Deux gravures en couleur.

214 — **Girardin**. *Les deux Clowns.* Dessin à la plume.

215 — **Girardin**. *Jeu de la physionomie.* Dessin à la plume.

216 — **Girardin**. *L'Océan Indien.* Dessin à la plume.

217 — **Hem** (David de). *Nature morte.*

218 — **Igonnet**. *Les Bords de la Seine.*

219 — **Igonnet**. *Bateau sur la Seine.*

220 — **Lenain** (Attribué à). *Paysage*. Cadre bois sculpté.

221 — **Malher**. *Chasse*. Dessin à la plume.

222 — **Mazard**. *Pommier en fleurs. Ferme en Normandie*. Deux pendants.

223 — **Mazard**. *Etang*.

224 — **Mazard**. *Bateau*.

225 — **Mazard**. *Paysage*.

226 — **Meunier**. *Environs de Fontainebleau*. Trois aquarelles.

227 — **Moizand**. *Paysage*. Dessin à la plume.

228 — **Parabère**. *Tête de femme*. Pastel.

229 — **Parabère**. *Vénus et les amours*. Pastel.

230 — **Parabère**. *Esquisse*. Pastel.

231 — **Parabère**. *Etude de femme*. Pastel.

232 — **Parabère**. *Portrait de femme*. Pastel d'après HALLÉ.

233 — **Parabère**. *Etude de femme*. Pastel.

234 — **Parabère**. *La Rue Caulaincourt*. Pastel.

235 — **Parabère**. *Etude*. Pastel.

236 — **Parabère**. *Danseuse*. Pastel.

237 — **Parabère**. *Vue de maison*. Pastel.

238 — **Parabère**. *Vénus*. Pastel, d'après. BOUCHER.

239 — **Téniers** (D'après). *Musiciens ambulants*. Trois gravures.

240-241 — **Verchain**. *Paysages*. Deux aquarelles.

242 — **Vollon**. *Paysage*.

243 — Deux gravures : La Journée du 14 juillet 1789.

244 — Gravure : Les pêcheurs fortunés.

245 — Gravure : Les Mendiants.

246 — Gravure : Déjeuner flamand.

247 — Deux gravures : L'attaque du pont d'Obligado. Bonaparte visitant l'hôpital du Mont Saint Bernard.

248 — Gravure : La Montagne.

249 — Gravure : Femme nue.

250 — Gravure : Vénus éprise d'Adonis.

251 — Gravure : Fêtes à Cérès.

252 — Gravure : La Cour de Vénus.

253 — Gravure : Sainte-Anne, la Vierge et l'Enfant.

254 — Gravure : Jupiter et Antiope.

255 — Gravure : Marat.

256 — Gravure : Bonaparte visitant les fontaines de Moïse.

257 — Gravure d'après TÉNIERS.

258 — Gravure : La Vierge et l'Enfant.

259 — Gravure : Le Port de Messine.

260 — Deux gravures : Héloïse et Abélard.

261 — Gravure : La Joueuse d'orgue.

262 – Gravure d'après BOILLY.

263 — Deux gravures : Le roi Louis XVI et Marie-Antoinette se séparant de leur famille.

264 — Lithographie : Rouget de l'Isle chantant la Marseillaise.

265 — Gravure avant la lettre, de Jeannin, le Retour du troupeau, d'après TROYON.

266 — Gravure : Rouget de l'Isle chantant la Marseillaise.

267 — Gravure : Boileau. Cadre bois sculpté.

268 — Deux gravures encadrées : Scènes anciennes.

269 — Gravure : La Sainte Famille.

270 — Gravure : Suzanne au bain.

271 — Gravure ancienne : Repas donné par Esther à Assuérus.

272 — Gravure : la Bataille d'Austerlitz.

273 — Gravure : le Châtiment.

274 — Deux gravures : le Marché, le Carreau du Temple.

275 — Deux gravures anciennes.

276 — Deux gravures en couleur : Espiègle et la voilette.

277 — Deux gravures en couleur : Campagne de Pomone et son pendant.

278 — Gravure en couleur : le Jeu de l'escarpolette.

279 — Dessin : Mort de Marie-Stuart.

280 — Gravure en couleur : La Course à Versailles (charge politique).

281 — Deux gravures en couleur : Bal et Concert, d'après SAINT-AUBIN.

282 — Gravure du XVIIIe siècle : Honni soit qui mal y pense, gravée par HUBERT.

283 — Gravure du XVIIIe siècle : Amusement de jeunesse.

ÉTOFFES BRODÉES — TAPIS

284 — Dos de piano en soie rose brodée de Chine, garni de franges.

285 — Deux grandes portières en soie bleue claire brodée de Chine, décor aux volatiles.

286 — Grand panneau en satin rose brodée de Chine, décor à branchages fleuries.

287 — Tapis de soie d'Orient.

288 — Tapis d'Orient.

289 — Tapis d'Orient, dessin polychrome.

290 — Tapis de Smyrne.

291 — Dessus de lit soie brodée.

292 — Objets omis.

www.ingramcontent.com/pod-product-compliance
Ingram Content Group UK Ltd.
Pitfield, Milton Keynes, MK11 3LW, UK
UKHW020523180726
13839UKWH00005B/2261

9 782329 528151